LEKTÜRE
HILFE

Die Verwandlung

Franz Kafka

Verfasst von Vincent Guillaume
und Pauline Coullet
Übersetzt von Helle Hannken-Illjes

DER
QUERLESER

FRANZ KAFKA

DEUTSCHSPRACHIGER SCHRIFTSTELLER UND NOVELLIST

- **Geboren 1883 in Prag**
- **Gestorben 1924 nahe Wien**
- **Einige seiner Werke:**
  - *Der Prozess* (1925), Roman
  - *Das Schloss* (1926), Roman
  - *Brief an den Vater* (1953, posthumer Titel), Brief

Franz Kafka ist ein bedeutender Autor des 20. Jahrhundert. Da seine Werke auf verschiedenste Weisen interpretiert werden können, wurden bereits zahlreiche Kommentare und Analysen zum besseren Verständnis verfasst. Seine Texte spiegeln vor allem die Entfremdung des modernen Menschen, die rätselhafte und unerbittliche Macht der Gesellschaft über sein Leben, und die vergebliche Suche nach Antworten in einer unverständlichen Welt wieder.

Da Kafka, der als deutschsprachiger Jude in Prag

lebte, tagsüber in einem Büro arbeitete, blieb ihm nur die Möglichkeit, nachts zu schreiben. Zu seinen Lebzeiten erhielten seine Werke kaum Beachtung, doch nach seinem Tod gewannen sie zunehmend an Bedeutung. Seine wohl bekanntesten Werke sind *Die Verwandlung* und *Der Prozess*.

DIE VERWANDLU

IN DER HAUT EINES INSEKTS

- **Textgattung**: Novelle
- **Herangezogene Ausgabe**: Becker, Elisabeth: *EinFach Deutsch Textausgaben: Franz Kafka: Die Verwandlung, Brief an den Vater und weitere Werke*, Schöningh Verlag, 1999
- **Erstausgabe**: 1915
- **Themen**: Transformation, Verfall, Unverständnis, Schuld, Zurückweisung, Demütigung

Die Verwandlung, 1912 geschrieben und Ende 1915 veröffentlicht, ist zweifellos Kafkas bekanntestes Werk. Die Novelle erzählt die Geschichte von Gregor Samsa, einem einfachen Angestellten, der sich über Nacht in ein gigantisches Insekt verwandelt. Da er in seinem Umfeld Ekel und Angst verbreitet, bleibt er eingesperrt in seinem Zimmer, in dem sich von nun an sein Leben abspielt.

Der Grund für die Verwandlung bleibt ungeklärt

und lediglich die Konsequenzen werden mit einer für Kafka üblichen Genauigkeit und Objektivität erkundet. Der unglückselige Gregor Samsa, der zu einem Parasiten und einer Last für seine Familie geworden ist, erleidet einen schrecklichen Verfall seiner selbst, geprägt von Schuldgefühlen, Unverständnis und Demütigung.

ZUSAMMENFASSUNG

ERSTER TEIL

Eines Morgens erwacht der Handelsvertreter Gregor Samsa und ist in einen menschengroßen Käfer verwandelt. Er scheint sich jedoch weniger Sorgen über diese unerklärliche Transformation zu machen, als um den vor ihm liegenden Arbeitstag. Er denkt darüber nach, noch eine Weile im Bett zu bleiben und schimpft über seine Arbeitsbedingungen, wobei er seine Verwandlung für eine reine Einbildung hält, die seiner Müdigkeit zuzuschreiben ist. Mit Schrecken stellt er fest, dass es viel später ist, als er gedacht hat und er bereits den ersten Zug verpasst hat.

Während er verzweifelt versucht, sich aus dem Bett zu bewegen, fragt seine Familie durch die beiden Zimmertüren, warum er noch nicht aufgestanden ist. Als es kurz darauf an der Tür klingelt, vernimmt Gregor die Stimme des Prokuristen persönlich, der ebenfalls in Erfahrung bringen will, aus welchem Grund Gregor nicht zur Arbeit erschienen ist. Gregor, erbost über die aufdringlichen und tyrannischen Methoden des Unternehmens, für das er arbeitet, schafft es schließlich, sein Bett zu verlassen, lässt jedoch niemanden zu sich herein. Der Prokurist nutzt diese Gelegenheit, um ihm vor seinen Eltern eine Moralpredigt zu halten, ihm seine zuletzt unbefriedigenden Leistungen vorzuwerfen und ihm mit der Entlassung zu drohen.

Wütend und in Panik verteidigt Gregor sich in mit einer unverständlichen Stimme gegen die Vorwürfe und unternimmt den Versuch, die Tür zu öffnen. Seine Familie und der Prokurist, die sich allesamt vor der Tür versammelt haben, halten ihn für krank. Sie rufen nach dem Dienstmädchen und schicken Grete, Gregors Schwester, los, um einen Arzt und einen Schlosser zu holen. Als es Gregor schließlich gelingt, die Tür zu öffnen, und alle ihn sehen, löst er allgemeines Entsetzen aus. Seine Mutter bricht zusammen und wird hysterisch, der Prokurist macht sich davon und sein Vater drängt Gregor zurück in sein Zimmer.

ZWEITER TEIL

Gregor erwac… Schwester, ih… Doch die fr… ihm nicht … die sie ihm … verdorbenen Res… nun an um ihren Brud… Unter der Bedingung, dass e… putzt sie sein Zimmer und bringt i… Essen.

Gregor fühlt sich vernachlässigt. Mit Ausnahm… seiner Schwester betritt niemand sein Zimmer und keiner richtet das Wort an ihn. Da er nicht mehr in der Lage ist, zu reden, geht seine Familie fälschlicherweise davon aus, dass er sie auch nicht verstehen kann. Begierig auf Neuigkeiten lauscht Gregor an den Türen seines Zimmers und muss mit Bedauern feststellen, dass seine Familie, die sich nicht mehr auf seine finanzielle Hilfe verlassen kann, schwere Zeiten durchlebt. Gregors Vater hat, ohne dass sein Sohn davon wusste, nach dem Zusammenbruch seines Geschäfts ein kleines Vermögen retten können.

d beschlossen, dass sein Vater, r und auch Grete Arbeit annehmen n die Familie ernähren zu können.

te durch seine Spuren bemerkt, dass r nichts lieber tut, als über die Wände und Decke zu kriechen, beschließt sie, ihm dies zu eichtern und die Möbel aus seinem Zimmer u entfernen. Sie bittet ihre Mutter um Hilfe, die beim Anblick der nackten Wände ihre Zweifel ausdrückt, doch Grete lässt sich nicht beirren. Von den Worten seiner Mutter getroffen, entschließt sich Gregor, doch unter dem Canapé, unter dem er sich stets zurückzieht, sobald seine Schwester das Zimmer betritt, hervorzukommen und sich nicht auch noch sein letztes Stück Menschlichkeit nehmen zu lassen. Er schnellt an der Wand hoch, hält sich an seinem wertvollen Bild einer Dame im Pelzmantel fest und ist, durch die ihm vorher unbekannte Verwirrung und Angriffslustigkeit, dazu bereit, seiner Schwester ins Gesicht zu springen, sollte sie versuchen, das Bild zu entfernen.

Als seine Mutter ihn sieht, fällt sie in Ohnmacht. Seine Schwester läuft ins Nebenzimmer, um eine Essenz zu holen, die sie wieder zu Bewusstsein

bringen soll, und Gregor, der verwirrt ist und ihr zu Hilfe eilen will, folgt ihr. Doch bei seinem Anblick erschrickt sie, flüchtet sich zur Mutter und schließt Gregor im Esszimmer ein. Als sein Vater von der Arbeit nach Hause kommt, versucht er Gregor für sein Verhalten zu bestrafen und bewirft ihn mit Äpfeln. Einer davon verletzt ihn schwer und bleibt in seiner Rückenpanzerung stecken. Kurz bevor er das Bewusstsein verliert, sieht er noch, wie seine Mutter um den Hals des Vaters fällt und um die Verschonung ihres Sohnes bittet.

DRITTER TEIL

Der Lebensstandard der Familie Samsa haben sich stark verschlechtert. Die Dienstmädchen wurden alle entlassen und durch eine alte Haushälterin ersetzt, eine eigensinnige Frau, die sich nicht im Geringsten vor Gregor fürchtet und einen „alten Mistkäfer" (S. 58) nennt. Vater, Mutter und Tochter arbeiten hart und sind hoffnungslos und erschöpft. Gregor, der unter seiner Verletzung leidet und den wegen der schwierigen Situation seiner Familie Schuldgefühle plagen, schläft und isst kaum noch. Er verliert sich in seinen Erinnerungen, lässt sich von Staub und Schmutz bedecken und legt wahrhaft kindliche Verhaltensweisen an den Tag. So kaut er beispielsweise Essensreste, nur um sie anschließend auf den Boden zu spucken.

Ein Zimmer der Wohnung wird an drei herrische Männer vermietet, die sehr auf Ordnung und Sauberkeit bedacht sind. Von nun an werden jegliche sperrigen und unnützen Gegenstände in Gregors Zimmer gestellt, das sich bald in eine Abstellkammer verwandelte. Eines Abends bitten die drei Männer Herrn Samsa, ob Grete ihnen nach dem Essen auf der Violine vorspielen könne.

Angezogen von der Musik, sieht Gregor in dem Violinspiel und in der Schönheit seiner Schwester die Erlösung von all seinem Leid. Eingenommen von sowohl angenehmen, als auch wirren und fast inzestuösen Gedanken über seine Schwester, kriecht er aus seinem Zimmer und nähert sich Grete. Doch die drei Männer bemerken ihn. Sein Vater versucht, sie in ihr Zimmer zurückzudrängen und ihnen den Anblick zu ersparen, sie beschließen jedoch, das Haus zu verlassen, nichts für ihren Aufenthalt zu zahlen und drohen sogar mit einer Entschädigungsklage.

Grete spricht aus, was niemand zuvor gewagt hat und erklärt, dass es so nicht weitergehen könne, dass die Familie genug gelitten habe und es an der Zeit sei, Gregor loszuwerden. Die Mutter erleidet einen Asthmaanfall, der Vater hingegen stimmt resigniert zu. Auch Gregor teilt die Meinung seiner Schwester und zieht sich in sein Zimmer zurück, wo er, geschwächt von der langen Hungerzeit bewegungsunfähig liegen bleibt. In der darauffolgenden Nacht verstirbt er friedlich. Am nächsten Morgen versammelt sich die Familie vor seinen sterblichen Überresten und beschließt, sich auf andere Gedanken zu bringen. Für die Familie beginnt ein neues Kapitel: Die drei Herren werden rücksichtslos des Hauses verwiesen und sie planen ebenso, die Haushälterin zu entlassen und umzuziehen. Schließlich schreiben alle drei ihren jeweiligen Vorgesetzten eine Nachricht, in der sie sich einen Tag frei nehmen, um aufs Land zu fahren.

PERSONENANALYSE

In der Geschichte nimmt der Leser zwar nicht an Gregors Verwandlung teil (da er zu Beginn des Buches bereits als Käfer aufwacht), dafür aber an der Veränderung seiner Familie (besonders deutlich bei seinem Vater und seiner Schwester). Während er in seinem Zimmer verkümmert, entwickelt sie neue Stärke und Selbstständigkeit.

GREGOR SAMSA

Gregor Samsa ist ein wahrer Vorzeigesohn und kommt allein für die finanziellen Bedürfnisse seiner Familie auf. Er ist ledig, verfolgt stets gute Absichten, ist aber auch recht eigensinnig. Er strahl zwar Autorität aus, ist aber in seiner Denkweise sehr von seiner Familie und seiner Arbeit beeinflusst. Gefangen zwischen diesen beiden Teilen seines Lebens ist er gleichzeitig stolz darauf, seiner Familie ein ruhiges Leben und eine schöne Wohnung bieten zu können, aber auch frustriert, da seine Arbeit außergewöhnlich anstrengend ist. Trotzdem idealisiert er die Stellung, die er einnimmt. Er bedauert, dass seine

Familie ihm nicht mehr die gleiche Anerkennung und Dankbarkeit entgegenbringt wie zu Beginn und gewöhnt sich schließlich an seine neue Funktion („Man hatte sich eben daran gewöhnt, sowohl die Familie, als auch Gregor, man nahm das Geld dankbar an, er lieferte es gern ab, aber eine besondere Wärme wollte sich nicht mehr ergeben.", S. 35). Auf fast selbstverständliche Weise erlaubt ihm diese Position beinahe, seinen Vater als Familienoberhaupt abzulösen. Dies wird insbesondere durch sein Vorhaben deutlich, seine Schwester auch gegen den Willen seiner Eltern und trotz der hohen finanziellen Belastung aufs Konservatorium zu schicken.

Sein übersteigerter Optimismus und seine Neigung, seine Probleme zu ignorieren oder herunterzuspielen (zum Beispiel hält er seine Verwandlung anfangs für eine vorrübergehende Krankheit), führen dazu, dass seine Denkweise auffallend unrealistisch ist. So denkt er darüber nach, dem Prokuristen in seiner Käfergestalt zu folgen und sich ihm zu erklären. Oft nimmt er die Realität nur begrenzt war, klammert sich an jeden Hoffnungsschimmer und gibt diesem so viel Bedeutung, dass er nur das Positive sehen kann.

Sein Liebesleben ist nicht sehr ereignisreich, nur einmal erwähnt er beiläufig „eine Kassiererin aus einem Hutgeschäft, um die er sich ernsthaft, aber zu langsam beworben hatte" (S. 55), und sein einziges Zugeständnis an diesen Bereich seines Privatlebens bleibt das Bild der Frau im Pelzmantel. Er steht seiner Schwester sehr nahe, möglicherweise zu nahe, da ihn nur die beinahe inzestösen Gedanken ein letztes Mal dazu animieren, sein Zimmer zu verlassen.

Trotz der Abscheu, die er bei seinen Nächsten auslöst, bemüht Gregor sich, entgegenkommend zu sein und niemanden zu stören. Er stimmt seiner Schwester zu, als sie erschöpft sagt, dass sie ihn nicht mehr ertragen kann, und stirbt wenige Stunden später friedlich.

HERR SAMSA

Herr Samsa, der an den echten Vater des Autors erinnert, ist eine für Kafka typische Vaterfigur, eine wahre Naturgewalt, jähzornig und aufbrausend, eine Autoritätsperson, die jedoch im ersten Teil der Novelle nur als Nebencharakter auftritt. Fünf Jahre vor Beginn der Handlung hat Herr Samsa durch das Scheitern seines Geschäfts einen finanziellen Rückschlag erlitten und sich seitdem gehen lassen. Er ist sichtlich schwächer geworden und hat seine natürliche Autorität als Familienoberhaupt verloren. So konnte Gregor diese Position einnehmen, der sich seitdem um die Bedürfnisse seiner Familie kümmert und von seinem eigenen Gehalt die Schulden seines Vaters begleicht.

Doch als er nach Gregors Verwandlung wieder zu arbeiten beginnt, scheint er ein ganz neuer Mann geworden zu sein. Er ist stark, herrisch und wird von seinem Sohn gefürchtet, der „ja noch vom ersten Tage seines neuen Lebens her [wusste], daß der Vater ihm gegenüber nur die größte Strenge für angebracht ansah" (Zweiter Teil, S. 50).

Indem er die Rolle des Familienoberhaupts wieder übernimmt, bekräftigt er nur seine Autorität, die er nie vollends verloren hat, wie beispielsweise an seinem heimlich angesparten Vermögen zu sehen ist. Besonders nach Gregors Tod im dritten Teil wird diese Veränderung noch deutlicher. Er nutzt seine wiedergewonnene patriarchische Stärke, um die drei Herren hinauszuwerfen und um seine Frau und seine Tochter von ihren schmerzvollen Erinnerungen abzulenken.

GRETE SAMSA

Grete Samsa ist Gregors Schwester und wird anfangs als eitel und kindisch beschrieben. Da die junge 17-jährige vor der Verwandlung ihres Bruders keinen anderen Zeitvertreib hat, als „sich nett zu kleiden, lange zu schlafen, in der Wirtschaft mitzuhelfen, an ein paar bescheidenen Vergnügungen sich zu beteiligen und vor allem Violine zu spielen" (Zweiter Teil, S. 37), messen ihre Eltern ihr keine besondere Bedeutung bei.

Sie kümmert sich um den verwandelten Gregor wie um eine kindliche Laune zu befriedigen. Sie bemüht sich, als sei es eine besonders ehrenvolle Aufgabe, ein einzigartiger Auftrag, dessen Ehre nur ihr allein zuteilwird. Sie geht sogar so weit, „die Lage Gregors noch schreckenerregender machen zu wollen, um dann noch mehr als bis jetzt für ihn leisten zu können" (Zweiter Teil S. 44). Im letzten Teil muss sie diese Aufgabe allerdings vernachlässigen, um ihrer neuen Arbeit nachkommen zu können. Dies hält sie aber nicht davon ab, sich über ihre Mutter zu ärgern, die den Raum hinter ihrem Rücken putzt.

Doch dank ihres im Laufe der Handlung gewonnenen Selbstvertrauens verleugnet sie Gregor am Ende und erklärt ihren Eltern, dass es Zeit sei, der Wahrheit ins Auge zu blicken und Gregor um jeden Preis loszuwerden. In der letzten Szene ist sie schließlich kein schüchternes Kind mehr, sondern eine reizende, junge Frau, deren Eltern schon in Betracht ziehen, sie zur weiteren Verbesserung ihrer Situation zu verheiraten.

FRAU SAMSA

Frau Samsa ist eine freundliche, liebevolle Mutter, die alles in ihrer Macht stehende versucht, um ihren Sohn zu schützen. Trotzdem verfügt sie nicht über die nötige Willensstärke, um ihre Ansichten durchzusetzen. Ihre Fügsamkeit und Zurückhaltung spiegeln das für die Zeit typische Bild der Familienmutter wieder, die am Ende der Novelle nicht einmal selbst das Wort ergreifen kann.

Überwältigt von ihrem Asthmaanfall hat sie keine andere Wahl, als machtlos mitanzusehen, wie Gregor ein letztes Mal aus seinem Zimmer hervorkommt und Vater und Tochter letztendlich beschließen, dass es an der Zeit sei, sich von ihm zu befreien. Sie ist die einzige, die Gregor auch weiterhin als Familienmitglied ansieht und ihn nicht verleugnet, doch trotzdem ist auch sie über das Ende des Leidens und damit auch den Tod ihres Sohnes erleichtert.

deny or disown.

INTERPRETATION

WIRTSCHAFTLICHE ABHÄNGIGKEIT, MACHT UND AUSBEUTUNG

Der wirtschaftliche Aspekt ist in der Novelle von größter Bedeutung, da sie zu einem großen Teil den Lebensstil der Familie Samsa bestimmt. Ob eine Person arbeitet oder nicht, wirkt sich im Buch auf ihre Beziehung zu ihren Mitmenschen und sogar auf ihren Lebenswillen aus. Grete und Herr Samsa legen ihre anfängliche Schwäche ab und werden zu starken Charakteren, während Gregor eine gegenteilige Entwicklung erlebt.

In der Ausgangssituation lebt die gesamte Familie Samsa in finanzieller Abhängigkeit von Gregor, der mit seiner Arbeit ihren gewohnten Lebensstil erhalten will und sich dafür mit Freude aufopfert. Durch den Zusammenbruch des Geschäfts seines Vaters, der ohne Gregors Mitwissen ein kleines Vermögen zurückbehalten hat, blieb ihm keine andere Wahl, als dieses Opfer zu bringen und die Schulden seines Vaters zu begleichen.

Wie die finanziellen Schwierigkeiten der Familie nach Gregors Verwandlung beweisen, liegt der neue Lebensstandard der Familie Samsa weit unter ihrem eigentlichen Niveau. Dass Gregor nicht in der Lage sein könnte, die finanziellen Bedürfnisse der Familie zu decken, stellt demnach die größte Katastrophe für sie dar. Das erklärt ebenfalls die allgemeine Aufregung, die ausbricht, als die Familie annehmen muss, dass Gregor erkrankt ist. Denn die Zukunft der Familie hängt von Gregors regelmäßigen Erscheinen in einem Unternehmen ab, das keine Fehler toleriert.

Dieses Abhängigkeitsverhältnis löst besonders den stillschweigend ausgetragenen Machtkampf zwischen Vater und Sohn aus, da hier die finanzielle Macht mit der patriarchalen einhergeht:

- Einerseits ist Gregor das neue Oberhaupt der Familie, da er sie unterstützt und für ihren Lebensunterhalt aufkommt. In dieser Position verfügt er über eine gewisse Entscheidungsfreiheit, die der seines Vaters überlegen ist. Dies wird durch sein Vorhaben, Grete auf das Konservatorium zu schicken, besonders hervorgehoben.

- Andererseits ist er der Leibeigene seiner Familie. Innerhalb kurzer Zeit wird von ihm erwartet, diese Position einzunehmen, wodurch er in gewisser Weise gezwungen ist, diese Erwartungen auch zu erfüllen. Vor allem sein Vater zieht bei den finanziellen Angelegenheiten im Hintergrund weiter die Fäden, obwohl er gleichermaßen abhängig vom Einkommen seines Sohnes ist. Als Gregor in seiner Käfergestalt von den ihm bis dahin unbekannten Ersparnissen seines Vaters erfährt, versucht er, die Tatsache zu ignorieren, dass das kleine Vermögen ihm ermöglicht hätte, die Schulden schneller abzubezahlen, wenn er gewollt hätte. Naiv befürwortet Gregor diese väterliche Verwaltung des Familienvermögens. Obwohl er dadurch mehr als nötig arbeiten musste, lässt er den Gedanken nicht zu, von seinem Vater hintergangen und ausgebeutet worden zu sein. Da Gregor sich vermutlich nie lautstark über seine Arbeit beschwert hat, hat er seinem Vater auch nie einen Grund dafür gegeben, ihn von seinen Ersparnissen zu erzählen und ihm so einen Teil der Arbeit abzunehmen.

Das Verhalten von Herrn Samsa bleibt damit

mehrdeutig: Ist er berechnend oder handelt er nur vorausschauend? Hat er die Arbeit niedergelegt, weil er wahrhaftig am Ende seiner Kräfte war oder hat er dies vorgetäuscht, um nach dem Bankrott seines Unternehmens frühzeitig in den Ruhestand gehen zu können? Auf die eine oder andere Weise erreicht Herrn Samsas Macht nach der Verwandlung seines Sohnes einen neuen Höhepunkt, da er seine Unabhängigkeit zurückgewonnen hat und damit wieder zum Hauptversorger und Familienoberhaupt par excellence wird.

ZURÜCKWEISUNG UND ENTFREMDUNG

Gregor durchlebt keine vollständige Verwandlung. Seine Erscheinung hat sich verändert, doch er bleibt in Besitz seiner mentalen Fähigkeiten und ist die menschlichste Figur des Werkes. Er lässt sich weiterhin von seinen guten Absichten leiten, bedauert, dass er nicht mehr in der Lage ist, für seine Familie zu arbeiten und ist bewegt von der Musik. So erleidet Gregor eine schreckliche Trennung von Körper und Geist, die er von Beginn an zu überwinden versucht und Bewegungen ausführen will, die mit seinem neuen Körper nicht mehr möglich sind.

> Zuerst wollte er mit dem unteren Teil seines Körpers aus dem Bett hinauskommen, aber dieser untere Teil, den er übrigens noch nicht gesehen hatte und von dem er sich auch keine rechte Vorstellung machen konnte, erwies sich als zu schwer beweglich; es ging so langsam; und als er schließlich, fast wild geworden, mit gesammelter Kraft, ohne Rücksicht sich vorwärtsstieß, hatte er die Richtung falsch gewählt, schlug an den unteren Bettpfosten heftig an, und der brennende Schmerz, den er empfand, belehrte ihn, daß gerade der untere Teil seines Körpers augenblicklich vielleicht der empfindlichste war. (*Die Verwandlung*, Erster Teil, S. 10)

Um Körper und Geist in Einklang zu bringen, nimmt Gregor unbewusst einige Verhaltensänderungen vor: Er passt seine Essgewohnheiten denen eines Insekts an, hält sich vorzugsweise an engen und dunklen Orten auf, etc. Trotzdem legt er seine Menschlichkeit nie vollends ab und ist unaufhörlich in Konflikt mit sich selbst. Dies wird besonders deutlich, als Grete und seine Mutter die Möbel aus seinem Zimmer entfernen, um ihm mehr Bewegungsfreiheit geben zu können. Zunächst ist Gregor glücklich darüber, dann wird ihm allerdings klar, dass die Entfernung des Bildes der Frau im Pelzmantel den Verlust seines letzten moralischen Halts bedeutet.

Gregors Teilverwandlung gleicht folglich einer Entfremdung. Sie entzieht ihm seine Existenzgrundlage und damit seinen Lebenssinn. Sein Körper ist nicht nur Gregor vollkommen fremd, sondern macht ihn auch für die Gesellschaft zu einem Fremden: Durch seine physische und emotionale Abgrenzung von der Familie wird er zu einem Parasiten und lebt in „Gefangenschaft" (Zweiter Teil, S. 35)

Diese Entfremdung scheint bereits vor Gregors Verwandlung existiert zu haben. Als er erwacht, denkt er missgelaunt an seinen Beruf als Handelsvertreter:

> „Ach Gott," dachte er, „was für einen anstrengenden Beruf habe ich gewählt! Tag aus, Tag ein auf der Reise. Die geschäftlichen Aufregungen sind viel größer, als im eigentlichen Geschäft zu Hause, und außerdem ist mir noch diese Plage des Reisens auferlegt, die Sorgen um die Zuganschlüsse, das unregelmäßige, schlechte Essen, ein immer wechselnder, nie andau-

> ernder, nie herzlich werdender menschlicher Verkehr. Der Teufel soll das alles holen!" (*Die Verwandlung*, Erster Teil, S. 6)

Fünf Jahre zuvor, nach dem Zusammenbruch des Unternehmens seines Vaters, hatte Gregor sich noch mit Enthusiasmus als Retter der Familie präsentiert. Als er danach dazu gezwungen ist, diese Rolle bis zum Ende zu übernehmen, versteckt er seine eigene Frustration darüber. Indem sie Gregor langsam aber sicher zunichtemacht, kommt auch die Arbeit einer Entfremdung gleich. Die Käferform ist folglich eine Metapher, die Wirklichkeit geworden ist. Gregor, der unter seinem Beruf leidet, fühlt sich ebenso klein und verletzlich wie ein Insekt: Seine physische Erscheinung wird nach seiner Verwandlung zur Widerspiegelung seines Inneren.

KAFKA UND DIE VATERFIGUR

Die Verwandlung kann als ein teilweise autobiographisches Werk gewertet werden. Tatsächlich ist die Geschichte von Gregor auf eine gewisse Art das Ergebnis der seiner Gedanken aus dem Werk *Brief an den Vater*. Bei diesem Brief handelt es sich um ein Schreiben, das Kafka an seinen

Vater richtet, das jedoch nie abgeschickt und erst nach Kafkas Tod veröffentlicht wurde. Er schreibt von seiner konfliktreichen Beziehung zu seinem Vater, von seiner durch eine autoritäre Erziehung „verdorbene“ Kindheit, die in ihm ein tiefes Gefühl der Schuld und Einsamkeit verankert hat. Er verurteilt die Verhaltensweise seines autoritären, tyrannischen Vaters.

> In Deinem Lehnstuhl regiertest Du die Welt. Deine Meinung war richtig, jede andere war verrückt, überspannt, meschugge, nicht normal. Dabei war Dein Selbstvertrauen so groß, daß Du gar nicht konsequent sein mußtest und doch nicht aufhörtest recht zu haben. (Kafka, F., *Brief an den Vater*, S. 6)

Kafkas Vater ist in der Figur des Herrn Samsa wiederzuerkennen. Beide sind sie harte, lieblose Familienoberhäupter und manipulieren ihre Mitmenschen. Dies wird in dem vorliegenden Werk wieder daran deutlich, dass Gregors Vater ihm das gesparte Geld vorenthält.

Kafkas Vater schien die Persönlichkeiten seiner Kinder nach seinem Abbild formen zu wollen, anstatt sie sich frei entfalten zu lassen und schätzte es nicht, dass sein Sohn Franz schüchterne, schwächliche, schweigsame und versonnene Züge an den Tag legte. Kafka ist gefangen zwischen seiner eigenen Verachtung und dem Hass seines Vaters, der nicht in der Lage ist, seine Leidenschaft für die Literatur nachzuvollziehen. Für seinen eigenen Erzeuger ist er ein Unwesen, eine Anomalie. Es ist also keinesfalls unbedeutend, dass sich die Hauptfigur der Novelle wortwörtlich in ein Insekt verwandelt, das in den Augen seines Vaters abscheulich ist.

Doch Kafka scheint auch seinen eigenen Vater als ein Unwesen anzusehen. Im *Brief an den Vater* schreibt er von seiner erdrückenden Präsenz:

> Ich war ja schon niedergedrückt durch Deine bloße Körperlichkeit. Ich erinnere mich zum Beispiel daran, wie wir uns öfters zusammen in einer Kabine auszogen. Ich mager, schwach, schmal, Du stark, groß, breit. Schon in der Kabine kam ich mir jämmerlich vor, und zwar nicht nur vor Dir, sondern vor der ganzen Welt, denn Du warst für mich das Maß aller Dinge. (Kafka, F., *Brief an den Vater*, S. 5)

Dieses Gefühl des Erdrücktwerdens wurde ebenso in der Novelle wiedergegeben. Als Gregors Vater ihn zum ersten Mal in seiner verwandelten Gestalt sieht, reagiert er instinktiv mit geballten Fäusten und gewaltbereit. Später greift er ihn dann mit Äpfeln an, von denen einer in seiner Panzerung hängenbleibt und dort in den darauffolgenden Tagen verfault.

> Die schwere Verwundung Gregors, an der er über einen Monat litt – der Apfel blieb, da ihn niemand zu entfernen wagte, als sichtbares Andenken im Fleische sitzen –, schien selbst den Vater daran erinnert zu haben, daß Gregor trotz seiner gegenwärtigen traurigen und ekelhaften Gestalt ein Familienglied war, das man nicht wie einen Feind behandeln durfte [...]. (*Die Verwandlung*, S. 51)

Gregor sieht in der Verletzung die ungerechte und demütigende Behandlung, die sein Vater ihm zukommen ließ. Dieser Apfel führt unweigerlich zu Gregors Tod.

Die Novelle kann als Denunzierung der Verhaltensweise des Vaters und deren fatale Folgen für die psychische Entwicklung des Sohnes gesehen werden: Er ist einer der Gründe für die Entfremdung seines eigenen Sohnes.

DIE PERSONALE ERZÄHLPERSPEKTIVE

Die Verwandlung ist in der Vergangenheitsform und der dritten Person Singular geschrieben und beschränkt sich in der Darstellung auf den Standpunkt der Hauptfigur. Der Leser sieht alles aus Gregors Sicht und folgt seinen Gedanken, doch ist es ihm nur möglich, die Handlungen wahrzunehmen, denen auch Gregor Beachtung schenkt. So bietet sich ihm nur ein begrenzter Überblick über das tatsächliche Geschehen der in der Novelle beschriebenen Welt. Der Leser kann sich nicht auf die Informationen des Erzählers verlassen, was zusätzlich zu einem Gefühl des Unverständnisses beiträgt: Was Gregor sich nicht erklären kann, bleibt auch für den Leser ein Rätsel.

Da der Erzähler sich auf die Darstellung aus Gregors Sicht beschränkt, scheinen sie gleichsetzbar zu sein:

- Er macht keine Kommentare, die nicht mit Gregors Gedanken einhergehen.
- Er geht weder im Handlungsverlauf zurück, um einen Umstand ausführlicher zu erklären,

noch nimmt er der Handlung etwas voraus.

- Seine Stimme hebt sich nicht immer von der Gregors ab. Für die indirekte Rede, die ebenfalls in der Vergangenheit und der dritten Person Singular geschrieben ist, werden weder Anführungszeichen noch einleitende Worte verwendet, die darauf hindeuten würden, dass es sich um die Wiedergabe der Gedanken der Figur handelt.

Es handelt sich somit um eine Form der Objektivität (widersprüchlicherweise aus der subjektiven Sicht des Protagonisten), die den Leser daran hindert, sich von der Perspektive des Charakters zu distanzieren.

Gregors Fehler werden nicht als solche dargestellt, der Leser muss sie selbst ausfindig machen und Gregors Gedanken mit den übrigen Passagen vergleichen, um eigene Schlüsse zu ziehen. An einigen Stellen ist deutlich erkennbar, dass Gregor sich irrt, wie wenn er sich zum Beispiel lieber vorstellt, dass Grete, nachdem sie ihm Essen gebracht hat, aus „Zartgefühl" (Zweiter Teil, S. 31) das Zimmer verlässt, da sie weiß, dass er in ihrer Anwesenheit nicht essen würde und um ihm zu verstehen zu geben, dass er sich ganz wie er selbst geben kann.

EINE MEHRDEUTIGE TEXTGATTUNG

Die Verwandlung von Kafka lässt sich nur schwierig einer genauen Textgattung zuordnen.

Dem ersten Anschein nach handelt es sich um die Textgattung der Fantastik: Ein irreales Element (Gregors Verwandlung) nimmt in einem realen Rahmen (Haus der Familie) Gestalt an. Nach diesem plötzlichen Erscheinen tritt für gewöhnlich der Schock des Protagonisten ein, der dieses fremdartige Element oftmals nicht anerkennt. Dies ist beispielsweise in *Frankenstein* von Mary Shelly (englische Schriftstellerin, 1797-1851) der Fall, wo der Doktor die Existenz des von ihm geschaffenen Monsters nicht wahrhaben will. In Kafkas Novelle dagegen stellt die Verwandlung an sich kein Problem dar: Die Familie nimmt sie wie ein gewöhnliches Ereignis hin und versucht eher, sich daran zu gewöhnen als Gregor zu retten oder vor ihm zu fliehen.

Gregors Verwandlung ist alles in allem absurd, da sie nicht nur irreal, sondern sogar irrational ist. Sie erfolgt ohne ersichtlichen Grund und wird von

Gregor auch nicht als eine Art Bestrafung wahrgenommen: Er, der Vorzeigesohn und liebevolle Bruder, verdient nicht, was ihm geschehen ist. Dieses Ausbleiben jeglicher Erklärungen gibt der gesamten Situation, die sich jeder Logik entzieht, eine absurde Wirkung. Der Protagonist wird zum Fremden einer Existenz, deren Bedeutung er nicht mehr versteht. Auch Gregors Umfeld sieht seine Verwandlung nicht als unglaublich, sondern viel mehr als ekelerregend an. Die drei Herren fühlen sich nur durch seine Unsauberkeit gestört, nicht durch die Abnormität, die er darstellt.

> Der Vater schien es für nötiger zu halten, statt Gregor zu vertreiben, vorerst die Zimmerherren zu beruhigen, trotzdem diese gar nicht aufgeregt waren [...]. „Ich erkläre hiermit," sagte er, hob die Hand und suchte mit den Blicken auch die Mutter und die Schwester, „daß ich mit Rücksicht auf die in dieser Wohnung und Familie herrschenden widerlichen Verhältnisse" – hierbei spie er kurz entschlossen auf den Boden – „mein Zimmer augenblicklich kündige. [...]" (*Die Verwandlung*, Dritter Teil, S. 63-65)

Durch das Absurde sendet Kafka eine Botschaft. *Die Verwandlung* kann als philosophisches Märchen verstanden werden, als eine kurze, fiktive Erzählung mit einer expliziten oder impliziten Moral. Diese furchtbare und grausame Geschichte macht Gregor die Erfahrung des Ausgeschlossenseins und der Entfremdung beinahe erträglich, denn sie symbolisiert die Ausgrenzung eines Individuums aus einer erdrückenden und intoleranten Gesellschaft. Sie kritisiert auch die Entfremdung durch die Arbeit: Gregor wird durch seinen Beruf zu Grunde gerichtet und wird sich selbst fremd. Schließlich wirft die Novelle die Frage auf, was genau Menschlichkeit ist: Was macht das Menschsein aus? Steht es in Verbindung mit dem Geist (wie in Gregors Fall, der trotz seiner Erscheinung weiterhin von seiner Menschlichkeit geleitet wird) oder mit dem Körper (wie bei dem Prokuristen und den drei Herren, die sich trotz ihrer menschlichen Gestalt unmenschlich verhalten)? Am Ende der Novelle bleibt die Frage: Was macht uns der Menschlichkeit würdig?

ZUM NACHDENKEN

FRAGEN ZUR VERTIEFUNG

- Gregor schaut gerne aus dem Fenster, was in Kafkas Werken ein wiederkehrendes Motiv ist. Was will er damit ausdrücken?
- Welche Unterschiede und Gemeinsamkeiten siehst Du zwischen der Novelle *Die Verwandlung* und dir bekannten Märchen?
- Nenne einige Stellen, an denen die Stimme des Erzählers gleichzeitig die Gregors ist. Woran lässt sich das erkennen?
- Tendierst Du eher dazu, das Verhalten von Gregors Familie zu verurteilen oder zu verstehen? Begründe Deine Meinung.
- Wie würdest Du Gregors Gedankengänge zu Beginn der Erzählung beschreiben?
- Vergleiche die Figur des Herrn Kafka mit Hermann Kafka, wie sein Sohn ihn in *Brief an den Vater* beschrieben hat.
- Welcher Textgattung lässt sich dieses Buch deiner Meinung nach zuordnen?
- Warum spielt Geld eine große Rolle in dieser

Novelle? Erkläre.

- Kommt dieser Text Deiner Meinung nach einer Anschuldigung gleich? Begründe.
- Wäre es möglich, *Die Verwandlung* zu verfilmen? Wie kommst Du zu deinem Schluss?

Deine Meinung ist uns wichtig!
Hinterlasse doch einen Kommentar auf der Seite unserer Online-Buchhandlung und teile Deine Favoriten in den sozialen Netzwerken!

DARÜBER HINAUS

HERANGEZOGENE AUSGABE

- Becker, Elisabeth: *EinFach Deutsch Textausgaben: Franz Kafka: Die Verwandlung, Brief an den Vater und weitere Werke*, Schöningh Verlag, 1999

SEKUNDÄRLITERATUR

- Kafka, Franz: *Brief an den Vater*, Reclam Verlag, Stuttgart, 1995
- Stach, Reiner: *Kafka: Die frühen Jahre*, S. Fischer Verlag, Frankfurt am Main, 2016
- Stach, Reiner: *Kafka: Die Jahre der Entscheidungen*, S. Fischer Verlag, Frankfurt am Main, 2004
- Stach, Reiner: *Kafka: Die Jahre der Erkenntnis*, S. Fischer Verlag, Frankfurt am Main, 2010
- Steinfeld, Thomas: *Stärker als alle Schwerkraft*, auf sueddeutsche.de, letzter Zugriff: 03.10.2017 http://www.sueddeutsche.de/kultur/zum-geburtstag-von-franz-kafka-staerker-als-alle-schwerkraft-1.207429

MEHR AUF DERQUERLESER.DE

- Lektürehilfe zu *Der Prozess* von Franz Kafka

www.derQuerleser.de

ISBN digitale Ausgabe: 9782808005388

ISBN gedruckte Ausgabe: 9782808005395

Pflichtexemplar: D/2017/12603/807

Cover: © Plurilingua

Logo: © Graphicrepublic (Freepik.com) und Plurilingua

In Zusammenarbeit mit Pauline Coullet für die Kapitel „Zurückweisung und Entfremdung", „Kafka und die Vaterfigur" und „Ein mehrdeutiges Genre".

Digitale Aufbereitung: Primento, der digitale Partner der Herausgeber

Printed in Great Britain
by Amazon

36809665R10036